Les poèmes de mon Père
José GALLO

Un peu
Beaucoup
Passionnément ...

Poèmes édités par sa fille Micheline

© 2016, José Gallo

Edition : BoD - Books on Demand
12/14 rond-point des Champs Elysées, 75008 Paris
Impression : Books on Demand GmbH, Norderstedt, Allemagne
ISBN : 9782322096657
Dépôt légal : Août 2016

SIGNE INTERIEUR DE « RICHESSE »

Un cœur....

PROLOGUE

*Je te dédie
Ce livre d'une vie ...
C'est une page d'amour,
Comme je le crois ...*

*Lorsque tu le liras,
Tu comprendras
Quand je te dis
« j'aime vraiment »
Dans cet instant qui passe ...
Et qui ne sera
Jamais plus ...*

J'AIME !

*L'orgasme
C'est le « va et vient »
De cette passion
Dévorante
Des corps
Enlacés ...*

*Que les caresses
Font vibrer
Et onduler ...*

*Une respiration
Haletante
Qui s'arrête
Soudain
En apnée ...*

*Dans
Un moment
Sublime
De plaisir
Et d'éternité*

PASSIONS

*Nos yeux
Pétillaient
D'amour,
Comme un vin fou,
Et faisaient
Chavirer nos raisons ...*

*Lorsque
Nos lèvres,
Préludaient
L'étreinte
D'une caresse ...*

*Aux déchirements
D'un corps à corps,
Où les morsures
Et les baisers
S'alternaient
Tour à tour ...*

*Aux soupirs
Languissants ...
Jusqu'aux râles
Voluptueux ...
De nos ardeurs
Apaisées.*

PLAGE

Le jour nous revient
Oh ! ma « bien-aimée »
Dans la splendeur
D'un ciel d'été ...

Le jour nous revient
Avec les couleurs de la vie
Qui éveillent
La beauté de ton corps
Endormi ...

Ton corps
Encore chaud de caresses,
Que j'étreins
D'amour,
Et abandonne avec tendresse
A la douceur du matin

Lorsque le soleil ...
Vient prendre la relève
Sur ta peau de satin ...

FLIC – FLOC

*L'automne
Est là ...
Avec la pluie,
Et ses frimas ...*

*Je vais,
Au jour
Qui s'achève,
Pataugeant
De mes pas ...*

*La tête vide,
Et mon cœur
Rempli de rêves ...*

*D'un « été »
Sans fin,
Ou, d'un hiver
De neige,
Avec un soleil
Dans ma main ...*

BRINS D'AMOUR SUR LE LEMAN

Oh temps
Qui passe,
Qui court,
Qui fuit ...

Comme
S'envole
L'oiseau
Des champs ...

Oh instants
De ma vie,
Que j'arrête
Au bonheur
Qui m'entoure ...

Lorsque
La vague,
Vient mourir
Au rythme du vent ...

Avec le soleil qui joue
De mon cœur
A l'éternel printemps ...

LES PETITS « CHAUSSONS »

La « Danse »
C'est
L'expression

D'amour
Et de beauté

Dans
La plus séduisante
Des « mouvances »

Du corps
Dans l'espace.

PLUMES

*Je dédie
Ces quelques mots
Pour toi*

*A ta main
Que j'ai serrée
Tendrement
A la mienne ...*

*Et, que tu as
Décrochée
Si vite ...*

*Pour écrire
Ton nom
Sur l'horizon
Immense ...
De mes rêves
Perdus*

LE VERBE

Tu ne pouvais pas
Me demander
D'être ...
Ou ne pas
Etre ...

Car il fallait
Que je sois ...

Et lorsque
Je fus ...
Je n'avais plus
De choix.

L'HORLOGE

*Les jours
S'en vont …*

*Les jours
Reviennent …*

*Et, le temps
S'égrène …*

*Au diapason
De mon cœur …*

POINT DE VUE !

En « Amour »
Lorsque
Je l'ai rencontré

J'ai vu
Dans son regard
La « flamme »
D'un feu sacré ...

Mais plus tard
J'ai découvert
Que ce n'était ...

Qu'un feu follet ...

EXTASE !

*Le bonheur
C'est d'aller
Partout
Lentement ...*

*Arrêtant
Le soleil
Et le temps ...*

*Savourant
Les choses
De la vie ...*

*Dans
Cet instant
Infini ...*

*Où
Le présent
Devient
L'éternel
Amant.*

LE CREUX DE LA VAGUE

La vie
Est une boîte
Merveilleuse ...

Aux formes
Différentes,
Mouvantes,
Indéfinissables ...

Infiniment
« Petites »
Infiniment
« Grandes »

Au choix
De nos pensées.

DIAMANT

La vie ...
Me prend
Beaucoup,
Dans son jeu ...

Mais,
Le peu
Qu'elle me donne ...

C'est toujours
Du « Merveilleux »

ESPERANCES

*Mes amours
Ne sont pas mortes ...*

*Quand finissent
Les années ...*

*Les « Belles »
N'ont pas frappé
A ma porte ...*

*Mes « Belles Amours »
Ne sont pas nées ...*

LE MAGICIEN

*Comme le vent,
Le rêve nous emporte
Hors du temps …*

*Lorsque le temps
Est absence …*

*Lorsque le temps
Est souffrance …*

*Il nous emporte,
Dans l'univers
Merveilleux
De notre enfance …*

*Où tout
Recommence,
Et devient bleu …*

CARDIO

*Chaque jour
Tu me prends ...*

*Un bout
De mon cœur*

Un jour ...

*Je n'aurais
Plus de cœur*

SANS « VISA »

*Les « Portes du Paradis »
Sont des portes étroites ...
Gardées par les « Anges »
Et les « Dragons » ...*

*Seuls « Les Enfants »
Peuvent les passer
Facilement ...*

ARC EN CIEL

Blanc
Et bleu,
Vert bleu
Est mon rêve

Rouge
Le pourpre
De tes lèvres

Jaune
Le soleil
Se lève

Et mon rêve
Se cache
Dans tes yeux

DIVINITES ...

*Chacun
S'invente
Un « Dieu »
A sa convenance*

*Mais
Le « Dieu »
Qui existe,
N'est pas
Celui
Qu'on pense ...*

BONHOMME DE NEIGE

*J'ai enclos
Ma tristesse
Dans une grosse
Boule de Noël*

*Et je l'ai
Suspendue,
Sur le plus
Haut sapin
D'une place
Publique ...*

« JE »

*Je suis né
D'un instant …*

*Qui me dévore
Me rejette,
A l'instant
Suivant …*

*Je suis là,
Conscient
Du tourment
De vivre …*

*Où je suis
L'exécuteur et
L'exécutant …*

*Le musicien et
L'instrument …*

*Jusqu'au dernier moment …
Où je deviens l'instant,
De l'instant
Suivant …*

FEUILLES

Croire
Au jour
Qui vient ...

Croire
A l'amour,
Fleur
Au doux
Parfum ...

Croire
A la « vie »
« Belle »
Qui nous
Etreint ...

Et qui
Nous laisse,
Au jour
Qui vient ...

Nus,
Comme
Le destin ...

DESTIN

*C'est un long
Couloir ...
Au bout,
Deux portes,
Et mon choix,
J'ouvre
Une porte,
Et je vais ...*

*C'est un long
Couloir ...
Au bout,
Deux portes
Et mon choix,
J'ouvre
Une porte,
Et je vais ...*

*C'est un long,
Un très long
Couloir ...
Au bout,
Un grand miroir ...
Et je viens.*

POUR QUELQUES LARMES

Je vois ...

Tes yeux
Qui voient ....

Mes yeux
Qui voient
Tes yeux ...

Pleurer
De les voir
Pleurer ...

DANS LES « PLUMES »

*Je voudrais
M'endormir
Comme
Je sais t'aimer …*

*M'allonger
Et m'étirer,
En soupirant
Sur le sommier …*

*Me laisser
Attendrir,
Par mon oreiller …*

*Enfoncer
Ma tête,
Et tout oublier …*

AVEC DES « SI »

Si ...

Je pouvais te dire
Sans pleurs
Ni soupirs ...

Je te crierais ...

Dans mon délire ...

Je suis « si seul »

ADAGIO, MA NON TROPPO

Tout doucement ...
J'ai senti
Mon Amour,
Ta jolie tête
Se poser
Contre moi.

Tout doucement ...
Je t'aime ...
Je t'aime ...
Et je te serre
Dans mes bras.

Alors,
Tendrement,
J'embrasse ta bouche ...

Lorsque
Tout doucement ...
Le jour
Se couche.

En laissant
Un soleil
Ardent ...
Sur tes lèvres
De velours.